幼兒**品德發展**系列

了解自己

麗絲·連濃 著
米高·巴克斯頓 繪

U0111442

新雅文化事業有限公司
www.sunya.com.hk

幼兒品德發展系列

了解自己

作　　者：麗絲・連濃（Liz Lennon）
插　　畫：米高・巴克斯頓（Michael Buxton）
翻　　譯：何思維
責任編輯：劉紀均
美術設計：劉麗萍
出　　版：新雅文化事業有限公司
　　　　　香港英皇道499號北角工業大廈18樓
　　　　　電話：(852) 2138 7998
　　　　　傳真：(852) 2597 4003
　　　　　網址：http://www.sunya.com.hk
　　　　　電郵：marketing@sunya.com.hk
發　　行：香港聯合書刊物流有限公司
　　　　　香港荃灣德士古道220-248號荃灣工業中心16樓
　　　　　電話：(852) 2150 2100
　　　　　傳真：(852) 2407 3062
　　　　　電郵：info@suplogistics.com.hk
印　　刷：中華商務彩色印刷有限公司
　　　　　香港新界大埔汀麗路36號
版　　次：二〇二一年四月初版

ISBN: 978-962-08-7728-5

Original Title: *I Care About My Growing Brain*
First published in Great Britain in 2020 by The Watts Publishing Group
Text and illustrations © The Watts Publishing Group, 2020
All rights reserved.
Franklin Watts, an imprint of Hachette Children's Group
Part of The Watts Publishing Group
Carmelite House
50 Victoria Embankment
London EC4Y 0DZ
An Hachette UK Company
www.hachette.co.uk
www.franklinwatts.co.uk

Traditional Chinese Edition © 2021 by Sun Ya Publications (HK) Ltd.
18/F, North Point Industrial Building, 499 King's Road, Hong Kong
Published in Hong Kong, China
Printed in China

目錄

神奇的大腦

　　為什麼你會懂得閱讀圖書呢？為什麼你不用思考就能呼吸？為什麼你能記住朋友的名字？你知道嗎？你做的這些事，還有那些事，其實都是由你的大腦控制。

　　不管你是清醒還是睡着的時候，你的大腦也掌控着你身體所做的一切。在本書中，你能找到發揮大腦潛能的方法！

學習

書寫

進食

思考

大腦就像一塊皺巴巴的海棉，藏在你的顱骨裏！

大腦的變化

你注意到自己的身體會隨着成長而變得強壯嗎？原來，你越鍛煉身體，肌肉就會越強壯。你的大腦也一樣。只要你越動腦筋，大腦就會越靈活，你做事情也會越做越好呢！

例如：當你第一次跳繩時，也許會覺得很難掌握跳起的時間。但到下一次，你的大腦記住了這個動作，跳繩便變得容易一點。慢慢地，跳繩這件事就再難不到你了！

當我們不斷鍛煉和學習新事物時，大腦就會變得更靈活、更聰明。

7

身心健康

你有沒有留意到，當你睡眠不足時，脾氣就會變得暴躁？這是因為你的大腦和身體是有關聯的，所以好好照顧自己的身體，就是照顧大腦的好方法！

以下是一些保持身體和大腦健康的好方法：

多吃健康的食物，例如水果和蔬菜

多喝水

保持活躍，
多做運動

早睡早起

9

發掘自己的長處

每個人也有長處，這些長處通常都是我們喜歡做的事情，例如運動、畫畫或是樂於跟別人相處。這些長處就像一塊塊積木，構成獨一無二的你。

我可以怎樣做？

想想你擅長做的事情，然後問問自己，怎樣才能把這些事情做得更好呢？你可以試試以下的方法：

- 每天練習
- 閱讀相關的圖書，學習新的竅門
- 請教你信任的大人

你的長處並不會局限於現狀。其實你的大腦也時常在改變，因此，只要你努力，事情就會做得更好。在你的人生裏，你可以隨時搭建更多的「積木」，也就是發掘更多的長處！

尋找一技之長

沒有人擅長做所有的事情。當你面對自己不擅長做的事情，你不應該放棄，反而應該不斷嘗試呢！

我可以怎樣做？

想想你希望在哪方面有進步？有時你可能沒有發現自己正在慢慢地進步，因此你可以在筆記或日記上，把自己的進度記錄下來。專注於你取得的進展，並為自己的進步而高興，別老是想着自己還未達到目標啊！

如果你的朋友比自己更會攀石，那麼你可以怎樣改進呢？一步一步來吧！這星期，你或許只能攀到一半的位置。下一次，你可嘗試更進一步，逐步逐步攀得更高。

滿滿好奇心

　　神奇的大腦能做很多事情，因此，請盡情發揮你的想像力吧。不妨四處看看，對這個世界抱有好奇心。你的大腦十分喜歡學習新東西呢！

請盡情挑戰新事物！可以的話，天天也要這樣做！你可以嘗試挑戰新的食物、新的遊戲或新的圖書。喜歡鍛煉大腦的人，一生都在尋找新的挑戰呢！

人生就是一場歷險。
你想走哪條路呢？

面對恐懼

恐懼會妨礙我們的大腦成長。請想想有沒有東西阻礙了你嘗試新事物，或是不去練習一些你認為自己不擅長的事呢？

也許你認為自己一定會失敗，根本不值一試。就如你可能很渴望參加足球比賽，卻覺得自己技不如人。

我可以怎樣做？

- 記住，你不必要求自己精於每件事情。
- 把你希望嘗試的事情告訴大人，也許他們會給你一些有用的意見。不要因害怕而不去嘗試啊！
- 請教那些擅長做這件事情的人。

不斷嘗試

你試過很努力去做某件事情，卻發現它不像你預期那麼順利嗎？例如你用心畫了一幅畫，結果卻畫得不太好，令你感到失望。可是，要是你想在畫畫或其他事情上有進步，那就要不斷嘗試。

有些事情看起來很困難，
感覺像攀爬陡峭的山坡一樣。
　　請記住，你只需要一步一
步慢慢來就可以了。

我可以怎樣做？

- 不要說自己畫畫畫得不好，要
  說「我畫的畫暫時未達預期的
  水平，還有進步的空間呢」。
- 別擔心自己會失敗，因為你可
  以從失敗中學習呢！

失敗也不要緊

你試過走迷宮嗎？在走迷宮的過程中，雖然你會多次碰到死胡同，但這些碰壁的經驗讓你知道之後應該走哪條路。你知道嗎？這就是從失敗中學習了！

我可以怎樣做？

- 不要害怕嘗試，也不要害怕失敗。
- 不要跟自己說：「糟糕！我失敗了。」
- 要跟自己說：「好的，我失敗了。這次我從中學到什麼呢？」

當我們犯錯或失敗時，代表我們嘗試過，只是還沒有成功。你的大腦會從錯誤和失敗中學習。失敗其實是幫助你鍛煉大腦的有效方法啊！

21

聽取別人的意見

你有沒有試過做了某件事，然後別人告訴你有不同或更好的方法去做嗎？有時候，我們真的很難接受別人的意見，聽取別人的意見可是一件困難的事情。我們可能會想着不如就此放棄，不再嘗試了。

接受他人的意見就像跳彈牀一樣：聆聽並參考別人的意見，有助你提高大腦的思考力，就像借助彈牀跳躍到更高的地方；可是，如果我們不聽別人的話並就此放棄，情形就像彈牀上有一個洞，而我們就一直藏在這個洞裏，那就沒法進步了！

培養興趣

爸爸媽媽會阻止你沉迷看電視嗎？其實
整天都像喪屍那樣呆呆的看着電視，對你的
大腦是沒有好處的啊！

你想頭腦保持健康和靈活，就要多做不同的事情，例如運用你的想像力、看書、玩耍、畫畫、做運動等。世界上還有很多有趣的事情等着你呢，快找出自己的興趣吧！

善待自己

你會因為犯錯或失敗而對自己感到失望嗎？或是你曾經因為盡力地做事卻事與願違而對自己生氣？可是，生氣不能幫助大腦學習。你要學會善待自己，就像你對別人一樣。

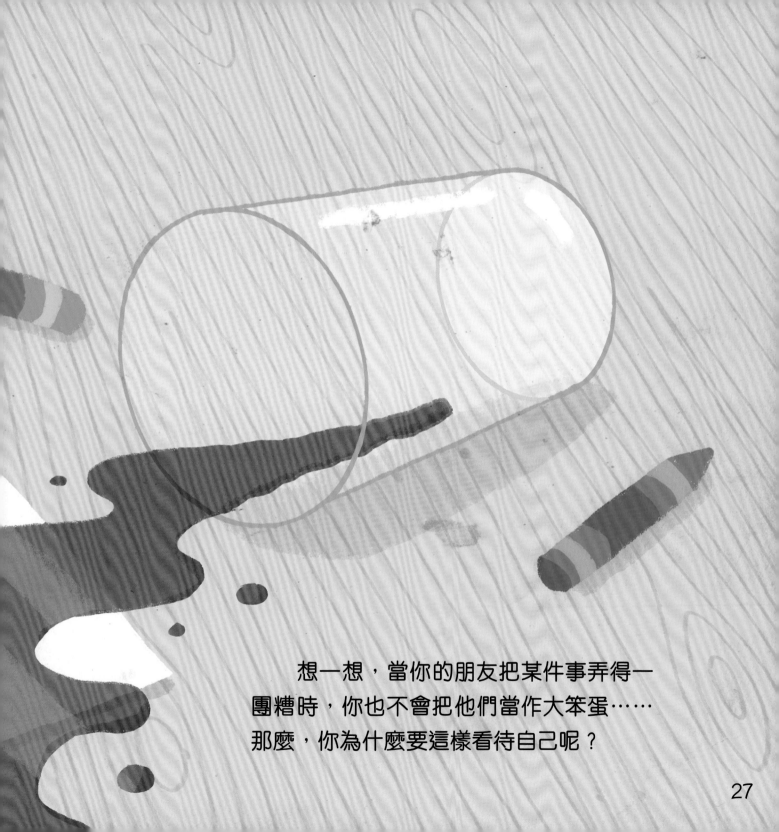

想一想，當你的朋友把某件事弄得一團糟時，你也不會把他們當作大笨蛋……那麼，你為什麼要這樣看待自己呢？

積極向上

　　保持積極就是要去尋找生活中美好的事物，以及學會欣賞別人。積極的人會明白到，雖然他們無法控制所有事情，但還有很多事情是他們可以盡力去做的。

我可以怎樣做？

- 告訴自己「今天會是美好的一天」。
- 想想自己有多棒啊！

如果你變得積極，就能輕鬆面對生活中的挑戰。
而且這對你成長中的大腦也有好處啊！

請好好記住

- 你的大腦總是在學習和改變。

- 保持身體健康對大腦有益處。

- 對周圍的事物保持好奇。

- 別人的意見有助你學習。

- 我們要從失敗中學習。

- 不要讓恐懼妨礙你嘗試新事物。

- 保持積極的態度。

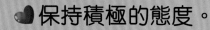

中英常用詞語

努力 effort　　　　　　　盡力做某件事

想像力 imagination　　在腦海裏把事情構想出來

積極 positive　　　　　向好的一面看

進步 progress　　　　　把事情做得越來越好

長處 strength　　　　　我們擅長做的事

值得信任的大人　　　能協助你的大人，例如
trusted adult　　　　　　父母或老師

中英對照索引